ALLOCUTION

PRONONCÉE

EN L'ÉGLISE DE LANVALLAY, PRÈS DINAN

A L'OCCASION DU MARIAGE

DE MONSIEUR

le Comte ROLAND DE SOLMINIHAC

AVEC MADEMOISELLE

MADELEINE DE BAISSÉ

PAR

Monsieur l'Abbé HENRI HAMON

Professeur à l'École Saint-Charles

Aumônier de la Sainte-Famille, à Saint-Brieuc.

LE 22 MAI 1917

ALLOCUTION

PRONONCÉE

EN L'ÉGLISE DE LANVALLAY, PRÈS DINAN

A L'OCCASION DU MARIAGE

DE MONSIEUR

le Comte ROLAND DE SOLMINIHAC

AVEC MADEMOISELLE

MADELEINE DE BAISSÉ

PAR

Monsieur l'Abbé Henri HAMON

Professeur à l'Ecole Saint-Charles
Aumônier de la Sainte-Famille, à Saint-Brieuc.

LE 22 MAI 1917

Mon Cher Ami,
Mademoiselle,

Ce sera l'un des plus émouvants souvenirs de
ma vie de prêtre d'avoir été appelé à bénir votre
mariage, et mon cœur restera très vivement touché de
la délicate pensée qui vous a fait recourir à mon
ministère. Comment ne remercierais-je pas avec effusion le pasteur vénéré de cette paroisse ? En me cédant
une place qui lui appartenait, il a convenu que des
liens étroits, et anciens déjà, me créaient auprès de
vous, mon cher Roland, des devoirs, et que la joyeuse
et grave cérémonie de ce jour nous rappellerait bien
des souvenirs d'un passé cher, depuis ma première
classe à l'Ecole Saint-Charles où vous étiez non le

moins attentif, voici douze ans, jusqu'à votre rencontre,
il y a seize mois, sous les sapins d'Alsace, où une
tante incomparable, que la plus profonde affection
soutenait, était allée vous recueillir jusque sous les
obus, et où moi-même je vous retrouvais couvert de
gloire et de blessures reçues au prix d'une conduite
des plus vaillantes sur les hauteurs terribles de
l'Hartmann. Mon émotion est surtout vive de vous
apporter, aujourd'hui même, du pays briochin, un
peu de la présence visible de Celle que la maladie
tient éloignée et dont le cœur, cruellement meurtri
deux fois dans l'actuel baptême de douleur et de sang,
souffre de ne pas être à cette heure près de son
Rodrigue au pied des Autels. Vous comprendrez aussi
que je tienne à mettre cette grande journée sous le
souvenir, je dirais presque sous l'intercession de vos
deux héros, invisibles présents, parce qu'ils vous
regardent en ce moment du haut du Ciel : votre
admirable père le Capitaine Comte de Solminihac,
tombé face à l'ennemi, le 21 Août 1914, à Arsimont,
en Belgique, dès le premier assaut livré par le 71e d'in-
fanterie, régiment où je puis attester que sa mémoire
est restée, tant de la part des hommes que de celle

des chefs, en profonde vénération ; et votre jeune frère Aymeric, à l'âme exquise, qui était votre orgueil, et celui de ses maîtres, devant qui toutes les plus belles espérances s'ouvraient, et qui, après avoir écrit aux siens : « Avant tout et par dessus tout ma vie est à la France », la donnait splendidement le 28 Août 1916, devant Thiaumont. Que bien volontiers j'insisterais sur cette pensée des morts aimés qui, des hauteurs de la gloire, se penchent sur vous, et prient avec nous ! Mais j'aurais peur de vous trop émouvoir, je ne dis pas de vous attrister, car, outre que pour des chrétiens pénétrés de foi et d'espérance, la tristesse n'est pas de penser à ses disparus mais de les oublier, je sais pertinemment que par vous. ni par aucun des vôtres, ils ne le seront jamais. Sur le champ de bataille, vous en avez fourni l'éclatant témoignage, et, à cette heure encore, votre cadet, dont les lettres irradient la pleine magnificence morale, et aussi celui qui va devenir votre frère, se montrent dignes de ceux qui leur ont tracé la voie. Quant aux parents et amis qui vous font cortège, vous savez, si je n'en parle pas, que c'est, Mademoiselle, un principe que vous avez de concert posé. Je ne dirai donc pas, malgré l'actualité d'un pareil sujet, la part du Colonel de Baissé dans la restauration des forts de l'Est, ni les mérites acquis au cours de trente mois de campagne. Je saluerai seulement en Madame votre Mère, avec émotion patriotique, l'antique et fière Lorraine, la patrie de Jeanne d'Arc, dont les oriflammes et les étendards ornent si opportunément l'Eglise de votre mariage. Il me semble, comme à vous, peu conve.:able pour un prêtre de louer les vivants, surtout dans le lieu saint.

Mais quel sujet de fierté, quelle matière aux graves pensées est pour vous, chers fiancés, le spectacle de cet héritage d'honneur et de vertu chrétienne qui, des deux côtés à la fois, des de Solminihac et des Le Roy de Valanglart, des de Baissé et des Gallois, vient se mêler dans vos mains attendries. Oh ! recueillez-le avec respect, portez-le avec dignité, transmettez-le, enrichi de vos mérites personnels, à la famille que vous avez l'ambition de fonder. Uni d'esprit et de cœur à vos nobles parents, je salue avec la plus grande joie cette perspective et je me félicite de pouvoir apporter à l'union irrévocable que vous allez contracter, aux espérances que vous nourrissez, la sanction solennelle de l'Eglise.

N'en doutez pas, mon cher Ami, Mademoiselle, Dieu, le Maître souverain des cœurs et des événements, a lui-même incliné l'une vers l'autre vos deux âmes, si bien faites pour se comprendre et se compléter.

La Providence ne dirige pas seulement de loin par des lois générales le mouvement du monde. Elle s'intéresse à nous dans le détail, dirige chacune de nos vies ; et quiconque, assez courageux pour résister au courant impétueux qui l'entraîne, s'arrête, se recueille et s'interroge sur son passé, reconnaîtra qu'une main mystérieuse l'a conduit où il est, par des voies dont, au point de départ, il n'entrevoyait pas l'aboutissement. Père bon, puissant, aimant, Dieu penche l'un vers l'autre les cœurs dociles à son action et les fond dans un même amour d'où naîtra une famille chrétienne.

Sans aucun doute, mon cher Ami, vous sentiez qu'il vous manquait quelque chose pour que fussent pleinement satisfaites toutes les nobles aspirations de votre âme. Et vous, Mademoiselle, que la nature et la grâce ont si richement pourvue, vous aviez, sous

l'œil vigilant et sur le cœur si chaud de vos parents,
toutes les tendresses de l'affection ; et néanmoins, à
certaines heures de réflexion plus profonde, la pensée
vous hantait, qu'après avoir tant reçu, l'heure vient
où il faut surtout songer à donner. Lorsqu'il plaira
au Divin Maître de récompenser, par les joies du
Ciel, le dévouement de ceux qui vous ont formée,
ne faut-il pas que vous trouviez un bras sur lequel
appuyer le vôtre, un cœur dans lequel verser sans
réserve votre affection débordante, une famille au
service de laquelle dépenser vos trésors.

La Providence entendit, à vous deux, vos aspirations secrètes ; disons mieux, elle les avait fait éclore ;
elle fit confluer vos désirs ; et voici que vos deux
cœurs ne vont plus faire, à partir d'aujourd'hui, qu'un
seul cœur, vos deux âmes une seule âme, vos deux
vies une seule vie.

Nous applaudissons, chers Fiancés, à cet accom-
plissement, en vous, de la loi providentielle de l'amour.
Depuis quelques mois, vous avez appris à vous
connaître, à vous estimer, à vous aimer, mais aujour-
d'hui, votre mutuelle affection va revêtir le caractère
d'une union complète et irrévocable qui aura devant

Dieu et devant l'Eglise la signification et l'efficacité d'un sacrement.

Cette union sera complète. Dans l'industrie, les hommes unissent leurs bras ; sous des formes diverses, ils associent leurs intérêts ; les savants mettent en commun leurs recherches pour activer le travail de la pensée ; les amis échangent leurs confidences, s'entr'aident, s'encouragent. Votre union sera plus profonde que ces manifestations diverses des relations sociales, car elle les comprend toutes. Vous fusionnerez les deux vies dont chacun de vous est le maître ; vos bras, vos intérêts, vos intelligences, vos cœurs, tout désormais, tout chez vous sera unifié. Et votre union sera menée aussi loin qu'il est possible à la nature humaine de la mener. Lorsque l'Ecriture veut exprimer l'union de Dieu avec l'âme qu'il poursuit de son amour, lorsque saint Paul veut marquer la profondeur de l'union du Christ avec son Eglise, le symbole choisi est celui de l'époux et de l'épouse dans l'union conjugale.

Complète, votre union sera sainte et inviolable. L'Eglise ne réprouve point mais bénit l'amour. A part des cas exceptionnels où une âme fait surnaturellement le sacrifice de ses affections les plus vives pour se mettre, avec une liberté plus entière, au service de tous, l'amour est béni de Dieu et l'Eglise du Christ l'entoure de ses complaisances. Toutefois l'Eglise n'ignore pas que les charmes de la beauté sensible sont éphémères ; aussi bien elle invite l'homme, le chrétien, à ne pas s'attarder à leur contemplation. Plus haut les cœurs, dit-elle, plus haut vers la beauté des intelligences, vers le beau moral, vers le beau éternel. Les années creusent des rides. La fatigue, les soucis, la douleur, inséparables de toute existence humaine, altèrent les traits. Seules les âmes ne vieillissent point. Seule l'union des volontés s'affermit indéfiniment sous l'action de la vertu et s'épure, se fortifie dans les rudes combats de la vie. Etabli en Dieu, votre amour réciproque saura résister à toutes les épreuves et se prolongera dans l'éternité où les âmes rattachées ici-bas par la foi conjugale, s'aimeront, il n'en faut pas douter, d'un amour de prédilection.

C'est pourquoi Notre-Seigneur Jésus-Christ ne se contente pas de vous demander la fidélité dans votre indissoluble union, il vous offre dans la grâce sacramentelle le moyen infaillible de la garder. Le sacrement est un signe sensible par lequel la grâce sanctifiante entre ou se développe dans une âme. Or, l'engagement que vous contracterez dans un instant est un sacrement. Lorsque vous allez vous passer au doigt, l'un à l'autre, l'anneau plein et infrangible qui symbolise votre union, lorsque vous direz ce « oui » qui exprime votre consentement mutuel, un accroissement de vie surnaturelle en vos âmes se produira et vous donnera le droit de compter sur une Providence spéciale de Dieu pour vous et pour le foyer chrétien que vous êtes appelés à fonder.

Car vous ne trouverez pas seulement, dans le mariage, l'un et l'autre, le complément de votre bonheur personnel. Le Dieu qui vous unira veut principalement vous associer à sa fécondité toute puissante pour la transmission de la vie humaine. Etre les auteurs d'une vie d'homme ! Quelle mission ! Quelle grandeur ! Quel sacerdoce ! Dieu seul crée. Lui seul peut créer les âmes humaines, mais il ne les crée qu'après avoir demandé aux époux leur concours, après que, dans l'effusion de leur amour, ils se sont offerts à nourrir, à élever, à former par leurs exemples et leurs conseils l'enfant qu'ils auront mis au monde.

Avec l'aide de Dieu, vous fonderez donc un foyer chrétien. C'est votre désir, votre noble ambition, c'est l'espoir de la France et de l'Eglise, ce sera votre récompense.

Vos âmes généreuses aimeront alors à s'oublier elles-mêmes pour le bien de vos enfants, et, tandis que vous mettrez vos lumières et vos forces en commun pour éclairer leurs jeunes intelligences et former leurs caractères, non seulement l'efficacité de votre action commune sera décuplée, mais votre affection mutuelle elle-même se consolidera, l'idée de votre vie s'élèvera.

Votre dévouement ne s'arrêtera pas aux frontières de votre foyer. Mon cher Ami, vous tiendrez à honneur d'être au milieu des populations voisines une autorité sociale et bienfaisante, et ce que votre héroïque Père était si excellemment, le parfait gentilhomme. Vous aimerez fraternellement l'homme du peuple que vous emploierez. Il est parfois imbu de préjugés, mais il n'a pas mauvais cœur. Témoin de votre vie active, il acceptera de meilleure grâce la loi du travail qui souvent pèse lourdement sur lui ; sensible à votre condescendance et à vos bienfaits, il souffrira moins de la distance qui le sépare de celui qui l'emploie et le dirige ; admirateur silencieux de la fierté chrétienne et de l'activité de votre vie, il rendra hommage tôt ou tard à la religion qui vous inspire et que trop souvent il méconnaît parce que la calomnie l'a dénaturée à ses yeux. Quant à vous, Mademoiselle, vous mettrez toute votre ambition à embaumer votre intérieur de sérénité, de joie contenue et inaltérable, de piété sérieuse. La force de l'homme a besoin de la douceur de la femme pour ne dégénérer jamais en violence ; sa foi a besoin de votre ardeur pour ne point languir. Lorsque votre mari aura le front soucieux, un rayon d'affection plus chaud le rassérènera et il repartira pour reprendre sa tâche plus vaillamment. Si un jour la vérité brillait d'un éclat moins vif à ses yeux, vos œuvres, votre oubli de vous-même, votre patience, votre charité lui rendraient plus sensible l'efficacité de la grâce chrétienne. Je viens de prononcer le nom de la charité, Mademoiselle, elle est de tradition dans votre famille. Vous y demeurerez fidèle. De bonne heure, on vous a appris à dédaigner les frivolités auxquelles tant de jeunes personnes gaspillent leurs premières années. Vous aimerez à parfaire votre formation intellectuelle et religieuse. Vous aimerez à travailler. Quand vous ne travaillerez pas pour vous-même ou pour les vôtres, vous travaillerez pour les pauvres : vous les visiterez et les consolerez, vous souvenant de cette parole si touchante de Notre-Seigneur : « Ce que vous aurez fait de bien au moindre des miens, je le regarderai comme fait à moi-même. »

* *
*

Chers Fiancés, je me reprocherais de retarder davantage la bénédiction de cette union que vos âmes veulent, avec l'Eglise, complète, éternelle, chrétienne et féconde.

Vos chers Parents et vos Amis vont joindre leurs prières et leurs vœux aux invocations de la Liturgie.

Daignez, Seigneur, confirmer les pieux désirs que vos enfants déposent au pied de vos autels Daignez réaliser en eux les bénédictions qu'en votre nom nous appelons sur eux. Qu'ils vivent longtemps, avec au cœur l'éternelle jeunesse, s'aimant comme au premier jour.

Fasse et obtienne le Bienheureux Alain de Solminihac, Evêque et Comte de Cahors, votre arrière grand-oncle, chers Fiancés, que vous reveniez, au soir de votre vie terrestre, devant le Dieu qui est aujourd'hui témoin de vos serments, pour reconnaître que vous les avez tenus ; que donc les noms des de Solminihac et des de Baissé restent toujours auréolés d'honneur, de foi et de noblesse chrétienne ; qu'enfin vos fils soient pour vous ce que vous mêmes vous êtes pour vos parents, un espoir et déjà une récompense.

AINSI SOIT-IL.

3-18. — SAINT-BRIEUC. IMP. R. PRUD'HOMME

www.ingramcontent.com/pod-product-compliance
Ingram Content Group UK Ltd.
Pitfield, Milton Keynes, MK11 3LW, UK
UKHW020959230726
13924UKWH00009B/139